CONTRE LA MAVVAISE MORALE DV TEMPS, AVX EVESQVES DE L'EGLISE.

Ex Bibliotheca Coelestin.
S. Bern. Parisiens.

CONTRE LA MAVVAISE MORALE DV TEMPS,

AVX EVESQVES DE L'EGLISE.

INISTRES du Seigneur, dont les
lévres fidelles,
Conservent le dépost de ses loix éter-
nelles,
Pasteurs de son troupeau, Guides de ses amans,
Interpretes sacrés de ses Commandemens,
Feux ardens & luysans, dont la clarté celeste,
Dissipe de l'erreur, la nuit sombre & funeste;

A ij

Si de la verité vos esprits sont jaloux,
Il faut pour sa deffence armer vostre courroux;
Son mortel ennemy luy déclare la guerre.
Et veut insolemment la bannir de la terre.

 Depuis que le Sauveur expirant sur la Croix,
D'vn Empire nouveau fit les nouvelles loix,
De l'Ange revolté la maligne puissance
Tascha par ses efforts, d'en flétrir l'innocence :
Mais comme en ce combat il armoit autrefois,
D'Apostats déclarés la criminelle voix,
Le nom de ces Docteurs décriant les doctrines,
Servoit à relever les verités divines.

 En ce temps malheureux, le pere de l'erreur
Sçait plus habilement déguiser sa fureur;
Il n'a plus pour Docteurs de ses fausses maximes
Des deserteurs noircis d'abominables crimes :

Des enfans de l'Eglise il emprunte le bras,
Des Ministres de Christ il se fait des soldats,
Dont l'esprit aveuglé l'ayde au lieu de luy nuire,
Et soûtient son party, lors qu'il croit le détruire.
Car qui soupçonneroit que leur intention
Pûst estre de flater l'aveugle ambition,
Des sales voluptés l'infame joüissance,
La sordide avarice, & l'ardente vengeance?

Morale du temps.

Mais que sert au malade accablé de langueur,
Que son medecin veüille adoucir sa douleur;
Si loin de le guerir, son remede infidelle
Ne fait qu'envenimer sa blessure mortelle?
Ce n'est pas des lueurs de l'humaine raison,
Qu'on apprend l'art divin de cette guerison.
Depuis que le peché par sa noire soüilleure,
A d'un venin mortel infecté la nature;
Que sur l'entendement il a mis un bandeau;
Qui de la verité luy cache le flambeau;
Et que sa volonté par luy voit sa franchise
Au joug des passions, honteusement soûmise;
Cette raison n'est plus qu'un guide furieux,
Dont l'orgueil, l'ignorance ont aveuglé les yeux,
Qui prend le bien trompeur, pour le bien veritable,
Qui de nous égarer seulement est capable,
Et qui porte la nuit dans le mesme sejour,
Où sa vanité croit faire luire le jour.
Il faut pour bien conduire, & guerir le fidelle,
Une loy clairvoyante, infaillible, éternelle,
Et cette sainte loy n'est que la Charité;
Quand le cœur en est plein, il est plein d'équité:
Il rend à l'Eternel, au prochain, à soy-mesme,
Le veritable amour, & le culte supréme.

Contre l'opinion, que l'on n'est point obligé d'aimer Dieu actuellement, & que c'est assez de ne le pas hayr, & d'obeïr à ses preceptes.

Qui peut donc sans erreur entendre qu'un Chre-
tien,
Oubliant ce qu'il doit à son souverain bien,
A Dieu qui le fait vivre, ainsi qu'il l'a fait naistre,
A Dieu qui par son Fils luy donne un nouvel estre,
Pense que sans l'aymer on peut le bien servir,
Et que c'est faire assez de ne le pas haïr ?
Quel pere ne croiroit recevoir un outrage,
Si son fils luy faisoit un si cruel partage ?
Quel Roy de ses sujets ardemment amoureux,
Ne demande leurs cœurs, ne veut estre aimé d'eux ?
Quel amy souffriroit sans murmure, & sans peine,
Que pour luy son amy seulement fust sans haine ?
Qui peut haïr son Dieu qu'un damné, qu'un De-
mon,
Que son suplice force à blaspremer son nom ?
Vn fidelle peut-il songer au nom qu'il porte,
Sans qu'au divin amour ce nom tendre l'exhorte ?
Sçait il pas que l'amour n'est pas moins que la foy,
Le caractere saint de la nouvelle loy ?
Et qu'il n'est plus l'enfant de l'Esclave orgueilleuse,
Mais l'enfant de la femme, humble, libre, amoureuse,
Qu'il doit adorer Dieu; mais que c'est en l'aymant,
Que la loy par l'amour se fait parfaitement ;

Morale du temps.

Que la charité seule, & la concupiscence,
Du vice, & des vertus, forment la difference;
Que la vertu chreſtienne eſt l'ordre de l'amour,
Et qu'il nous ouvre ſeul le celeſte ſejour?
S'il ayme le Seigneur, il aymera l'Egliſe;
Et ſçachant que ſon Fils par ſon ſang l'a conquiſe,
Qu'il en eſt étably le Chef, & le Paſteur,
Et qu'il n'a pas luy-meſme uſurpé cét honneur;
Pourra t-il ſe ſervir des damnables maximes,
Qui ſont pour l'acquerir, tous moyens legitimes?
Et ſous l'éclat trompeur d'une diſtinction,
Penſera t-il cacher ſa noire ambition?
A ces ſubtilités l'Evangile il oppoſe,
Le prix, & le motif ſont pour luy meſme choſe;
Il demeure ſoûmis aux éternelles loix
Qui veulent que du Ciel il attende le choix;
Il veut avec raiſon imiter les exemples
De tous les ſaints Paſteurs que celebrent nos temples,
Qui bien que leurs eſprits brillaſſent de clartez,
Qu'ils tinſſent de leur cœur, les vices écartez,
Que toutes les vertus enrichiſſent leur ame,
Que le divin amour les bruſlaſt de ſa flâme,
Qu'ils fuſſent tous de feu pour l'honneur des autels,
Et qu'ils connuſſent l'art de regir les mortels;

Contre l'opinion, que l'on peut donner de l'argent, nō pas comme prix d'un benefice, mais cōme un motif pour induire quelqu'un à le reſigner.

Contre la mauvaise

S'enfuyoient dans les bois, dans les grotes secretes,
Pour ne pas accepter les plus riches houletes,
Et vouloient voir du Ciel quelque signe nouveau,
Avant que se soûmettre à ce pesant fardeau.

<small>Contre l'opinion, que l'on peut tuer le voleur qui s'enfuit, & celuy qui nous calomnie, ou qui nous à donné un soufflet, ou un coup de baston.</small>

S'il ayme le Seigneur, luy fera t-il l'outrage,
De détruire en fureur sa plus parfaite image ?
Si le meurtre est permis pour venger son honneur,
Ou pour sauver son bien que ravit un voleur,
Ou pour d'un ennemy reprimer l'insolence,
Ou pour d'un imposteur punir la médisance ;
N'ouvre t'on pas la porte aux meurtres odieux ?
Ne met-on pas l'espée aux mains des furieux ?
Et desarmant les loix n'arme t-on pas la rage,
Pour remplir l'univers d'horreur, & de carnage ?
Descendez, descendez de vostre tribunal,
Magistrats, dont le glaive est aux vices fatal,
Vous n'avez plus en main la balance d'Astrée,
Si lors que d'un affront, un homme a l'ame ou-
 trée,
Ou qu'il est déchiré par un mauvais discours,
Il peut du médisant ensanglanter les jours.
Que sont les grands Estats que de grands brigan-
 dages
Si tout homme a le droit de vanger ses outrages ?

Que

Morale du temps.

Que devient le precepte où Dieu nous a soumis,
De rendre bien pour mal, d'aymer nos ennemis?
Que seroit l'Evangile auec cette licence,
Qu'une loy de fureur, de sang, & de vengeance?
Sa benigne douceur qui deffend à la main,
De faire en se vengeant, couler le sang humain,   Contre l'o-
Ne souffre pas non plus que par une imposture   pinion, que
D'un calomniateur on repousse l'injure;   venter de
Et que pour décrier un reproche inventé,   contre ce-
On l'imite luy mesme en sa meschanceté.   nous calom-
Quels saints calomniez ont par la calomnie   blier ses pe-
Deffendu leur vertu d'impostures ternie?   crets, & que
Qu'est-ce que cet honneur qu'on soûtient à ce prix?   un peché
Son faux éclat doit il enchanter les esprits;   Iustice,
Doit on ainsi s'en faire une trompeuse idole,   au plus un
A qui sans y penser, son salut on immole?   mensonge
   Cet honneur n'est-il pas le Demon des François?
N'est il pas l'inventeur de ces barbares loix,
Qui prennent pour valeur, une brutale audace,
Et d'vn pays chrestien, font vn pays de Thrace?
Par cet honneur sanglant voit on pas massacrer,
Ceux qu'à Dieu le baptesme a daigné consacrer,
Et qui doiuent pour Dieu, comme pour leur patrie,   Contre le
Prodiguer, s'il le faut, ou conserver leur vie?   faux hon-
                                                B   monde.

Contre la mauvaise

Et des docteurs nouveaux, par une aveugle erreur,
Donneront des moyens de fouler leur Fureur ;
De se moquer de Dieu, d'eluder sa deffence,
Et d'estre criminels, sans perdre l'innocence.
L'honneur d'un vray Chrestien à l'Evangile est
  joint,
Est de souffrir la mort, & ne se venger point,
Est d'aimer qui le hayt, de craindre qui l'honnore,
Et de fouler aux pieds, ce que le monde adore.
 L'avare adore l'or, & pour en faire amas,
S'il sçait la loy divine, il ne la garde pas.

Contre les opinions nouvelles qui donnét l'ouverture à faire l'usure.
L'usure à son esprit ne paroist point un crime,
Mais, que dis-je, en ce siecle on la rend legi-
  time ;
On en ouvre la porte, on farde sa laideur,
On en dresse des plans, on en oste l'horreur ;
Et par l'intention, par la fin qu'on déguise,
On cherche à contenter l'humaine convoitise.
Et toutefois, Seigneur, celuy qui dans les Cieux,

Pseau. 14.
Vn jour établira son Throne glorieux,
Doit avoir le cœur pur, doit avoir l'ame pure,
Et n'estre point souillé d'avarice & d'usure.

En S. Luc chapitre
Preste, nous dites vous, à ton frere chrestien,
Mais que ce prest soit franc, & n'en exige rien.

Morale du temps.

*Fidelles, reverez cét oracle adorable,
N'y cherchez point de glose à vos sens agreable,
Rangez sous vostre loy vostre cupidité,
Amassez des thresors, mais pour l'éternité,
Et sans vous trop flater de ce vain avantage,
Sçachez que de vos biens, vous n'avez que l'usage.*

*Les biens estoient communs dés le commencement,
Et par l'ordre de Dieu qui fait tout sagement,
Vn partage inégal s'en est fait dans le monde,
Où l'un manque de tout, l'autre de tout abonde;
Et si cét ordre est juste, ô Riches inhumains,
C'est que la part du pauvre est mise entre vos mains;
Et que pour compenser le défaut du partage,
Tout vostre superflu devient leur heritage.
Mais que ce superflu ne soit pas limité,
Ni par l'ambition, ni par la vanité:
L'Evangile a ses loix, & le monde a les siennes,
Celles là seulement reglent les mœurs chrestiennes;
Nul usage, nul temps, nulle corruption,
Nulle subtilité, nulle distinction,
Ne peuvent excuser d'un detestable crime,
De vostre superflu l'usage illegitime.*

<small>Contre l'opinion, qui affoiblit l'obligatiō de faire l'aumosne du superflu.</small>

Ces superbes maisons, ces meubles precieux,
Ces lambris éclatans, ces portraits curieux,
Ces tables, ces miroirs, ces vases, ces antiques,
Enfin ce grand amas de choses magnifiques ;
Tandis que vostre frere accablé de langueur,
De la faim, de la soif, éprouve la rigueur,
Vous reprochent-ils pas la cruelle injustice,
Qui rend de leur malheur vostre luxe complice ?
Si le salut est cher doit-on pas l'asseurer ?

Contre l'opinion que l'on peut suivre une opinion moins probable & moins seure, contre une opiniō plus seure & plus probable.

Peut-on prendre un chemin où l'on peut s'égarer ?
Peut-on prendre l'avis moins seur & moins proba-
 ble,
Et croire en le suivant, que l'on n'est pas coupa-
 ble ?
Quel malade prendroit, voulant sa guerison,
Vn remede douteux, qui peut estre un poison ?
Quel Pilote voguant sur la liquide plaine,
Choisiroit pour sa barque une route incertaine ?
Vn avis moins probable a moins de verité,
L'esprit qui la recherche est donc moins arresté,
Est donc moins convaincu dans cette incertitude,
Qui cause ses soupçons, & son inquietude.
Comment la conscience en cét état flotant
Peut-elle se former par un acte constant ?

Morale du temps.

Comment sans se souiller, peut-elle se dédire,
De choisir le meilleur, & de laisser le pire ?
Pourquoy pour nous tromper prenons nous tant de
    soin ?
Pourquoy n'écoutons nous ce juge, & ce témoin,
Qui de nostre interest sçait démesler la ruse,
Et comme il nous absout, de mesme nous accuse ?
Nos mœurs pour se regler n'ont-elles pas leur loy,
Non moins invariable & ferme que la foy ?
Que sert que nos esprits sous la foy se captivent,
Si nos cœurs sont sans joug, sont sans regles qu'ils
    suivent ?
Si selon l'interest, ou selon le plaisir,
Ils peuvent contenter leur injuste desir ?
JESVS, sans qui l'esprit du mensonge est la proye,
De nos cœurs inconstans est l'infaillible voye.
Il faut aller à luy, mais par luy seulement,
Et qui croit ce chemin sujet au changement ?
L'Evangile l'apprend ce chemin adorable,
Et qui croit l'Evangile en ses loix variable ?
Quel Apostre aux mortels en a t-il apporté
Ou l'adoucissement, ou la varieté ?
Ces docteurs orgueilleux dont se vante la Grece,
De diverses couleurs nous ont peint la sagesse.

De diverses leçons leur sage ils ont instruit,
Et par divers chemins, ses meurs ils ont conduit
Mais l'Evangile où luit la sagesse éternelle,
Par tout de mesmes traits forme le vray fidelle ;
Luy prescrit mesmes loix, mesmes affections,
Et sous un mesme joug reduit ses passions.
Sa morale n'est point sophistique, douteuse,
Aveugle, interessée, inconstante, flateuse,
Mais solide, certaine, & dont la verité,
Sur foibles, sur puissans prend mesme authorité.

 Vn rêveur alterant ses plus saintes maximes,
Peut-il par vn détour justifier les crimes ?
Par quelle authorité cét insolent docteur,
Sera t-il devenu nostre legislateur ?
Aux loix des saints Prelats, aux regles anciennes,
Qui luy donne le droit de preferer les siennes ?
Quoy, ces hommes divins des siecles écoutez,
Qu'avec respect l'Eglise a toûjours consultez,
Soit qu'il falluft juger de la saine doctrine,
Soit qu'il falluft des mœurs regler la discipline ;
Ces oracles vivans de la loy du Seigneur,
Qu'animoit l'Esprit saint d'une celeste ardeur,
Et dont il gouvernoit & l'esprit & les plumes,
Regleront nostre foy, & non pas nos coûtumes?

Morale du temps.

Ils pourront dans l'esprit jetter quelque clarté,
Mais non pas sous le joug ranger la volonté ?
Et de nouveaux autheurs sans nom, & sans
  creance,
Conduiront nostre vie avec plus d'asseurance ?
Il est vray que suivant les oracles divins,
Ils conduisent nos pas par de rudes chemins.
Mais le sentier étroit de cette antique voye,
Finit heureusement par l'éternelle joye.
Celuy donc qui par tout y cherche la douceur,
Est un guide trompé, s'il n'est pas un trom-
  peur ;
Quand l'homme s'est baigné dans les eaux du bap-
  tesme,
Il est mort au peché, mort au monde, à soy-mes-
  me ;
Et s'il est mort au monde, en suivra t-il les loix ?
Comme luy sera t-il ennemy de la Croix ?
Croira t-il pas sa vie un long pelerinage,
Qui l'arreste captif sous un triste servage,
Qui tous les jours l'expose aux traverses du sort,
Et le tient éloigné des delices du port ?
Lors que par le peché son ame s'est souillée,
Lors que de l'innocence elle s'est dépouillée,

Contre la mauvaise

Contre la fausse Penitence.

Lors qu'elle a violé le serment solennel
Fait dans le saint baptesme, au Monarque éternel:
Pour éviter d'un Dieu la vengeance, & la haine,
Est-il honte, ou travail, qu'il ne souffre sans peine?
S'il faut porter le feu dans son cœur ulceré,
A supporter le feu, son cœur est preparé.
S'il faut prendre du temps pour fermer sa blessure,
Cette longueur luy plaist, parce qu'il la croit seure,
Et qu'il veut de ses maux guerir parfaitement,
Non pas y recevoir un faux soulagement.
Veut-il à son avis que son juge se range?
Veut-il qu'en sa faveur tous les ordres il change?

Contre les absolutions & les Communions precipitées.

Aussi-tost que sa bouche a vomy son peché,
Veut-il insolemment en estre détaché?
Veut-il qu'en le flatant, on croye à sa parole
Que depuis si long temps, sans pudeur il viole;
Quoy qu'il soit insensible, & qu'il ne fasse voir,
De son amandement aucun solide espoir?
Veut-il se presenter à la divine Table,
Pour recevoir le corps du Sauveur adorable,
Quoy qu'à peine sorty de celle des Demons,
Dont il suivoit les loix, s'il detestoit leurs noms?
Peut-il ne pas sçavoir que la chair de son maistre,
Est pour un vray disciple, & nō pas pour un traître?

Pour

Pour les bons, qu'il est vie, aux méchans, qu'il est mort,
Et qu'un contraire étæt fait ce contraire sort?
Peut-il donc s'aveugler, & tenir pour barbare
Celuy qui sagement pour un temps l'en separe ;
Afin qu'au dernier jour, purgé de ses forfaits,
Il ne soit pas de Dieu separé pour jamais?

  Saints hostes des deserts, bien-heureux solitaires,
Helas, qu'auprés de vous, nous sommes temeraires!
Vous viviez dans le corps, comme n'en ayant point,
A Dieu par l'oraison, vostre esprit estoit joint,
Et chantant nuit & jour les divines loüanges,
Vous faisiez icy bas, ce qu'au Ciel font les Anges.
Lors qu'il faloit pourtant approcher de l'Autel,
Et nourir vostre foy de ce pain immortel,
Vos cœurs si purs, si saints, estoient saisis de crainte,
Pour une nouriture & si pure, & si sainte.
Et nous avec des cœurs enflez de vanité,
Rongez d'ambition, soüillez d'impureté,
Envenimez de haine, & brûlans d'avarice,
Nous osons prendre part au divin sacrifice?

C

Nous voulons accorder par un subtil milieu,
La table des Demons, & la table de Dieu?
Estre grands dans le Ciel, estre grands sur la terre,
A nos sens, à nos corps, ne faire point de guerre,
Ou combattre sans peine, ou vaincre sans effort,
Et par une bonace, arriver dans le port.
  Saints Prelats, c'est par vous qu'à ce port
   on arrive ;
C'est vous qu'il faut qu'on croye, & vous qu'il faut
  qu'on suive ;
Ne permettez donc pas que de nouveaux docteurs,
Des enfans de l'Eglise empoisonnent les cœurs.
Le Ciel vous a rendus leurs veritables Peres ;
Sans trahir ces beaux noms, & vos saints ministe-
  res,
Pouvez-vous endurer qu'au lieu de les guerir,
En leur cachant leurs maux, on les fasse mourir.
L'Evangile blessé dans toutes ses maximes,
L'ouverture qu'on donne à commettre les crimes,
A fouler sa vengeance, à gouster les plaisirs,
A flater son orgueil, & ses mauvais desirs,
Demande que d'un zele aussi brûlant, que sa-
  ge,
Enfin vous arrestiez cet horrible ravage.

Morale du temps.

Vous taire lâchement en cette extremité,
Où l'effort de l'erreur reduit la verité,
C'est de ses ennemis appuyer l'insolence ;
C'est joindre à leur poison, un criminel silence ;
A ceux qu'on doit sauver, c'est donner le trépas,
Et faire tous les maux que l'on n'empesche pas.
Soûtenez, il le faut, de vos augustes sieges,
L'honneur, l'autorité, le rang, les privileges ;
Mais n'abandonnez pas le dépost precieux,
Des saintes verités qui vous viennent des Cieux.
C'est le riche thresor qu'ils vous donnent en garde,
Et de vous le ravir quand quelqu'un se hazarde,
Il faut comme lions, vous armer de fureur ;
Sans craindre les errans, il faut perdre l'erreur,
Deussiez vous luy faisant une mortelle guerre,
Voir retomber sur vous, tous les traits du tonnerre ;
Et pourquoy voulez vous la prudence écouter ?
Qui vous fait vainement ce malheur redouter ?
Vous ne foudroyerez d'une main heroïque,
Qu'un poison odieux, qu'une peste publique,

20 Contre la mau. Mor. du temps.
Et ce foudre innocent arreſtera le cours
Du venin dangereux qui s'épand tous les jours;
Diſſipera l'horreur des menſonges funeſtes,
Et rendra la ſplendeur aux veritès celeſtes.

Par M. A. G. E. D. V.

www.ingramcontent.com/pod-product-compliance
Lightning Source LLC
Chambersburg PA
CBHW061521040426
42450CB00008B/1735